Use at least 11 of your spelling words in a story. Underline all spelling words used in the story.

Spelling Test

Your Answers	Correct Spelling If Incorrect
1.	1.
2.	2.
3.	3.
4.	4.
5.	5.
6.	6.
7.	7.
8.	8.
9.	9.
10.	10.
11.	11.
12.	12.
13.	13.
14.	14.
15.	15.
16.	16.
17.	17.
18.	18.
19.	19.
20.	20.

Extra Credit Spelling Words Scramble

Name: _____

Date: _____

Let's put your puzzle solving skills to the test. Try unscrambling the words using the words in the box.

apogee	bibelot	bumptious	baroque	anhydrous	brusque
billiards	androgyny	aerostatics	biennium	anomalous	atavism
batik	bulbous	adjuration	asymmetric		

1. nrjuoatdia   a d _ _ _ _ _ _ o _   9. orabque   _ _ r o _ _ _

2. ttsacarisoe   _ _ _ _ _ t _ _ _ c s   10. batki   b _ _ _ _

3. oyangrnyd   _ _ _ _ o _ y _ _   11. eobtilb   _ _ b _ l _ _

4. hurysdnao   _ _ _ _ _ r o _ _   12. nnbiumei   _ _ _ n _ i _ _

5. nlaomoasu   _ _ _ m a _ _ _ _   13. llrisibda   _ _ _ l i _ _ _ _

6. epagoe   a _ _ g _ _   14. sbqureu   _ _ _ _ q u _

7. rteaymimcs   _ _ _ _ _ _ t r _ c   15. usbobul   _ _ _ b _ u _

8. tiasavm   a t _ _ _ _ _   16. utimspobu   _ u _ _ _ _ _ _ s

Write sentences using words from above:

1. _____

2. _____

3. _____

Use at least 9 of your spelling words in a short creative story. Underline all spelling words used in the story.

Spelling Test

Your Answers	Correct Spelling If Incorrect
1	1
2	2
3	3
4	4
5	5
6	6
7	7
8	8
9	9
10	10
11	11
12	12
13	13
14	14
15	15
16	16
17	17
18	18
19	19
20	20

Extra Credit Spelling Words Scramble

Name: _____

Date: _____

Let's put your puzzle solving skills to the test. Try unscrambling the words using the words in the box.

chimerical	cogency	coddle	cantata	carouse	centurion
bumptious	caitiff	coalescence	bulbous	cadenza	cathode
collate	collier	coeval	canto		

1. lbobusu   b _ _ _ u _   9. etrnoiucn   c _ n _ _ _ _ _

2. otuubpsmi   _ _ m _ i _ _ _   10. ihlcmraeic   c _ _ _ _ _ _ _ a l

3. deaczan   _ a _ _ z _   11. cenaeleoccs   _ _ a _ e _ _ _ n _ _

4. faiitfc   _ a i _ _ _ _   12. dlecod   _ _ d _ l _

5. natcata   c _ _ _ _ t _   13. leaocv   c _ _ _ _ l

6. taonc   _ _ n _ _   14. eyocngc   _ _ g e _ _ _

7. auorsce   c _ _ _ _ s _   15. eotllca   _ _ _ _ a _ e

8. dhecato   _ _ _ _ _ d e   16. coirlle   c _ _ _ _ e _

Write sentences using words from above:

1. _____
2. _____
3. _____

Use at least 14 of your spelling words in a short creative story. Underline all spelling words used in the story.

Spelling Test

Your Answers	**Correct Spelling If Incorrect**
1	1
2	2
3	3
4	4
5	5
6	6
7	7
8	8
9	9
10	10
11	11
12	12
13	13
14	14
15	15
16	16
17	17
18	18
19	19
20	20

Extra Credit Spelling Words Scramble

Name: _____

Date: _____

Let's put your puzzle solving skills to the test. Try unscrambling the words using the words in the box.

comity	conciliate	contuse	conspirator	confluent	continence
convalesce	cyan	corpulent	contiguity	consign	cosmogony
coronet	colossus	cryptogram	corporeal		

1. lscsosuo   _ _ _ o _ s _ _

2. cmoity   _ _ m _ t _

3. tcicnaeiol   _ _ _ c _ _ _ t e

4. toulennfc   _ o _ f _ _ _ _

5. ncgiosn   c _ _ _ _ g _

6. aptcsoirrno   c _ n _ _ _ _ _ _ o _

7. ngtiiutyoc   _ _ _ t _ _ u _ t _

8. noeccennit   _ o _ _ _ n _ _ c _

9. tcusneo   c _ _ _ _ _ e

10. avocnlseec   _ _ _ v _ _ _ _ c e

11. tnrceoo   _ _ _ _ n e _

12. eaorcropl   c _ _ _ _ _ _ _ l

13. smnocogoy   _ o _ _ _ _ _ _ y

14. rotunpcle   _ _ _ _ _ l _ n _

15. otmcpyrrga   _ _ _ p _ _ g _ a _

16. ancy   _ _ a _

Write sentences using words from above:

. _____

. _____

. _____

Use at least 7 of your spelling words in a short creative story. Underline all spelling words used in the story.

Spelling Test

Your Answers	**Correct Spelling If Incorrect**
1	1
2	2
3	3
4	4
5	5
6	6
7	7
8	8
9	9
10	10
11	11
12	12
13	13
14	14
15	15
16	16
17	17
18	18
19	19
20	20

Extra Credit Spelling Words Scramble

Name: _____

Date: _____

Let's put your puzzle solving skills to the test. Try unscrambling the words using the words in the box.

derrick	defalcate	deist	declension	degeneracy	desultory
despotism	deportment	desuetude	demulcent	deformity	derogation
derelict	deponent	declamatory	desiccant		

1. dlcmaaoteyr   d _ _ _ _ m _ _ _ r   9. dtmepntreo   d e p _ _ _ _ _ _ _

2. icenlndeso   _ e _ _ _ _ _ _ o n   10. ltrcdeei   _ _ _ _ _ _ c t

3. elaftecad   _ e _ _ c _ _ _   11. aidontegor   _ e _ o _ _ _ _ o _

4. mortedyif   d _ _ _ _ _ i _ _   12. rcdkire   _ e _ _ i _ _

5. eadnygecer   _ _ g _ _ _ _ a _ y   13. sitndccae   _ _ _ _ _ _ _ _ n t

6. tedsi   _ _ _ _ t   14. opmitssde   _ _ s _ _ _ _ _ m

7. lucenmdet   _ _ _ u _ c _ _ _   15. ueeudsedt   _ _ s u _ _ _ _ _

8. edpenotn   _ _ p _ _ _ n _   16. seorutldy   _ _ _ u l _ _ _ _

Write sentences using words from above:

....
....
....
....

Use at least 8 of your spelling words in a short creative story. Underline all spelling words used in the story.

Spelling Test

#	Your Answers
1	
2	
3	
4	
5	
6	
7	
8	
9	
10	
11	
12	
13	
14	
15	
16	
17	
18	
19	
20	

#	Correct Spelling If Incorrect
1	
2	
3	
4	
5	
6	
7	
8	
9	
10	
11	
12	
13	
14	
15	
16	
17	
18	
19	
20	

Extra Credit Spelling Words Scramble

Name: _____
Date: _____

Let's put your puzzle solving skills to the test. Try unscrambling the words using the words in the box.

diacritical	dissonant	dissentient	distaff	diatomic	discrepant
dissever	didactic	dishabille	disavow	digraph	dissuasion
detrude	diaphanous	dissipation	diminution		

1. retdeud   d _ t _ _ _ _
2. ciilcirdata   d _ a _ _ i _ _ _ _ _
3. pnihosdaua   d i _ _ _ _ _ _ _ u _
4. iotcdima   _ i a _ _ _ _ _
5. tidcacdi   _ _ _ _ c t _ _
6. adpihgr   d _ _ r _ _ _
7. dvowisa   _ _ _ a v _ _
8. tdounimiin   _ _ _ _ n u _ i _ _

9. itrnpsaedc   _ i _ _ _ _ _ _ n t
10. dhblliseia   d _ _ _ _ _ i _ _ e
11. eidnsseittn _ i _ s _ n _ _ _ _ _
12. evierssd   _ _ _ s _ _ e _
13. dostiipaisn _ _ s s _ _ _ t _ _ _
14. snnsdiato   _ _ _ s _ _ a _ _
15. asdissnuio   _ _ _ _ _ _ s i o _
16. saffitd   _ _ _ _ a _ f

Write sentences using words from above:

_____
_____
_____

Use at least 12 of your spelling words in a short creative story. Underline all spelling words used in the story.

Spelling Test

Your Answers		**Correct Spelling If Incorrect**
1		1
2		2
3		3
4		4
5		5
6		6
7		7
8		8
9		9
10		10
11		11
12		12
13		13
14		14
15		15
16		16
17		17
18		18
19		19
20		20

Extra Credit Spelling Words Scramble

Name: _____

Date: _____

Let's put your puzzle solving skills to the test. Try unscrambling the words using the words in the box.

distention	elide	dowdy	egotist	ebullient	effluvium
emaciate	drachma	ductile	effuse	dolor	dudgeon
divination	dutiable	effluence	duteous		

1. ttiindonse   _ _ _ _ n _ i o _   9. dautilbe   _ _ _ _ b l _

2. niotdiianv   d _ _ _ _ _ _ _ o n   10. eeulnlitb   e _ _ _ _ _ _ n _

3. ldoro   _ _ _ o _   11. eefufncel   e _ f _ _ _ _ _

4. dyowd   _ _ _ _ y   12. uuvieflmf   _ _ f _ _ _ _ u _

5. hrdaamc   _ _ a _ _ m _   13. seefuf   _ _ _ u _ e

6. ctdueil   d _ _ t _ _ _   14. toigste   _ _ _ t i _ _

7. gddeoun   d _ _ _ e _ _   15. dieel   _ _ i _ _

8. udutsoe   _ _ t _ o _ _   16. aieamcet   _ m _ _ _ a _ _

Write sentences using words from above:

_____

_____

_____

Use at least 10 of your spelling words in a short creative story. Underline all spelling words used in the story.

Spelling Test

	Your Answers		**Correct Spelling If Incorrect**
1		1	
2		2	
3		3	
4		4	
5		5	
6		6	
7		7	
8		8	
9		9	
10		10	
11		11	
12		12	
13		13	
14		14	
15		15	
16		16	
17		17	
18		18	
19		19	
20		20	

Extra Credit Spelling Words Scramble

Name: _____

Date: _____

Let's put your puzzle solving skills to the test. Try unscrambling the words using the words in the box.

extempore	extort	euphony	exiguous	ennoble	eugenic
embolism	esquire	encyclical	exegesis	epicurean	eureka
execration	eulogistic	extrude	expeditious		

1. ebsmmoil   e _ _ _ _ _ s _   9. rukeea   _ _ _ e k _

2. nlcaycceli   e n _ _ _ l _ _ _ _   10. tnrcxioeae   e _ _ c _ _ _ _ _ n

3. elnnebo   _ _ _ o _ _ e   11. esxieges   e _ e _ _ _ _ _

4. upeiancre   _ p _ _ u _ _ _ _   12. eusoixug   _ _ i _ _ _ _ s

5. uesreiq   _ _ _ _ i r _   13. iuodtiesxep _ x _ e _ _ _ _ o _ _

6. eneguic   _ u _ e _ _ _   14. otreexpme   _ _ _ _ _ p o _ _

7. sctieluigo   _ _ _ o g _ _ _ i _   15. ttroex   _ _ _ o r _

8. ohupeny   _ u p _ _ _ _   16. rdeuxte   _ _ t _ u _ _

Write sentences using words from above:

_____

_____

_____

Use at least 5 of your spelling words in a short creative story. Underline all spelling words used in the story.

Spelling Test

Your Answers	Correct Spelling If Incorrect
1.	1.
2.	2.
3.	3.
4.	4.
5.	5.
6.	6.
7.	7.
8.	8.
9.	9.
10.	10.
11.	11.
12.	12.
13.	13.
14.	14.
15.	15.
16.	16.
17.	17.
18.	18.
19.	19.
20.	20.

Extra Credit Spelling Words Scramble

Name: _____

Date: _____

Let's put your puzzle solving skills to the test. Try unscrambling the words using the words in the box.

filial	festal	felicitate	fervid	farrier	forecastle
flaccid	freethinker	fusible	foppery	forswear	fusillade
foresail	federate	feudalism	flay		

1. arferir   f _ _ _ _ _ r   9. afly   _ _ a _

2. teeraedf   _ _ d _ _ _ _ e   10. peyoprf   _ o p _ _ _ _

3. ilfcetaeit   f _ _ i _ _ _ _ t _   11. ceoerlsfat f _ r _ _ a _ _ _ _

4. vrifde   f _ _ v _ _   12. sfielaor   _ _ _ _ _ _ i l

5. estlfa   _ e s _ _ _   13. rsroefaw   _ _ _ _ _ _ a r

6. lmfseuadi   _ _ _ d _ _ i _ _   14. nrrhfkeiete _ _ e _ _ _ i _ _ e _

7. ailifl   f i _ _ _ _   15. usielfb   _ _ s _ _ _ e

8. faclidc   f _ _ _ _ _ d   16. uiadfesll   _ _ _ _ _ l _ _ e

Write sentences using words from above:

1. ....
2. ....
3. ....

Use at least 16 of your spelling words in a short creative story. Underline all spelling words used in the story.

Spelling Test

Your Answers	Correct Spelling If Incorrect
1.	1.
2.	2.
3.	3.
4.	4.
5.	5.
6.	6.
7.	7.
8.	8.
9.	9.
10.	10.
11.	11.
12.	12.
13.	13.
14.	14.
15.	15.
16.	16.
17.	17.
18.	18.
19.	19.
20.	20.

Use at least 14 of your spelling words in a short creative story. Underline all spelling words used in the story.

Extra Credit Spelling Words Scramble

Name: _____

Date: _____

Let's put your puzzle solving skills to the test. Try unscrambling the words using the words in the box.

ingenue	hacienda	glutinous	galvanic	intestacy	inebriate
grebe	ichthyic	guano	indolence	hegira	insentient
guillemet	histology	gelid	inroad		

1. nvigcaal   g a _ _ _ _ _ _   9. gthoyilso   _ i _ _ _ l _ _ _

2. lgied   g _ _ _ _   10. hhcyiitc   _ _ _ t _ _ _ c

3. oitnsuugl   _ _ _ t _ _ _ u _   11. icdnneeol   _ _ d _ _ _ _ n _ _

4. rgeeb   _ _ _ b _   12. inietbear   _ _ _ _ r i _ _ _

5. naguo   _ _ _ _ o   13. ngneiue   _ _ _ e _ u _

6. eguleitml   g _ _ _ l _ _ _ _   14. ordani   _ _ r _ a _

7. nidaache   h _ _ _ _ _ _ a   15. ieeinsttnn   _ _ _ _ _ _ t i _ n _

8. aghrie   _ _ _ i _ a   16. tsaticnye   i _ t _ _ _ _ _ _

Write sentences using words from above:

_____

_____

_____

Use at least 17 of your spelling words in a short creative story. Underline all spelling words used in the story.

Extra Credit Spelling Words Scramble

Name: _____

Date: _____

Let's put your puzzle solving skills to the test. Try unscrambling the words using the words in the box.

jaundice	iridescence	inure	ionization	isobar	jocular
irruption	invidious	introspect	inundation	juridical	intoxicant
involution	irksome	irradiate	inveigh		

1. iticnatxon   _ _ _ _ _ _ _ a n t   9. iccrenesied   i _ _ _ _ _ _ e _ c _

2. prtocnetis   i _ _ r _ _ _ _ c _   10. romikes   _ r _ _ _ _ e

3. tniudnaion   _ _ u _ d _ t _ _ _   11. airridate   _ r _ _ _ i _ _ _

4. nireu   i _ _ _ _   12. urpnitoir   _ _ _ u _ _ i _ _

5. ghiievn   i _ _ _ _ _ h   13. irasob   i s _ _ _ _

6. uvsiioidn   i _ _ _ d _ _ _ _   14. iduecnja   _ a _ _ _ _ c _

7. utivonoiln   _ _ _ _ l _ t _ o _   15. joacrul   j o _ _ _ _ _

8. niazonioit   _ o _ _ _ a _ _ _ n   16. ludirajci   j _ _ _ _ i _ _ _

Write sentences using words from above:

_____

_____

_____

Use at least 5 of your spelling words in a short creative story. Underline all spelling words used in the story.

Spelling Test

	Your Answers		**Correct Spelling If Incorrect**
1		1	
2		2	
3		3	
4		4	
5		5	
6		6	
7		7	
8		8	
9		9	
10		10	
11		11	
12		12	
13		13	
14		14	
15		15	
16		16	
17		17	
18		18	
19		19	
20		20	

Use at least 7 of your spelling words in a short creative story. Underline all spelling words used in the story.

Spelling Test

Your Answers	**Correct Spelling If Incorrect**
1	1
2	2
3	3
4	4
5	5
6	6
7	7
8	8
9	9
10	10
11	11
12	12
13	13
14	14
15	15
16	16
17	17
18	18
19	19
20	20

Use at least 12 of your spelling words in a short creative story. Underline all spelling words used in the story.

Extra Credit Spelling Words Scramble

Name: _____

Date: _____

Let's put your puzzle solving skills to the test. Try unscrambling the words using the words in the box.

lariat	latish	litigious	lithesome	ligneous	lionize
languor	licentious	leeward	leonine	lingual	littoral
lactation	laxative	libertine	lethargy		

1. anictltao   _ _ _ _ a _ _ _ n   9. ltereibni   _ i _ _ r _ _ _ _

2. glnoura   _ _ n g _ _ _   10. toliscuien l i _ _ _ _ i _ _ _

3. aralit   l _ r _ _ _   11. isglnoeu   _ i g _ _ _ _ _

4. atshil   _ _ t _ s _   12. nllgiua   _ _ _ _ u _ l

5. itxaealv   l _ x _ _ _ _ _   13. elzinoi   _ i _ _ i _ _

6. weledar   _ _ _ w _ _ d   14. hlstoimee   _ _ _ _ _ s _ m _

7. enilnoe   l e _ _ _ _ _   15. iisigtlou   _ _ t _ _ _ _ _ s

8. hgletyar   _ _ t h _ _ _ _   16. alolrtit   _ _ _ _ o _ a _

Write sentences using words from above:

_____

_____

_____

Use at least 10 of your spelling words in a short creative story. Underline all spelling words used in the story.

Spelling Test

Your Answers		**Correct Spelling If Incorrect**
1		1
2		2
3		3
4		4
5		5
6		6
7		7
8		8
9		9
10		10
11		11
12		12
13		13
14		14
15		15
16		16
17		17
18		18
19		19
20		20

Use at least 8 of your spelling words in a short creative story. Underline all spelling words used in the story.

Extra Credit Spelling Words Scramble

Name: _____
Date: _____

Let's put your puzzle solving skills to the test. Try unscrambling the words using the words in the box.

microscopy	mawkish	missal	militate	maleficent	micrometer
minutia	missive	marmot	manumit	monition	mandibular
muleteer	moribund	misogamy	modish		

1. ncemaetfli   m _ _ _ f _ _ _ _ t   9. untiiam   m _ _ _ _ i _

2. luaraidbmn   m _ _ d _ _ _ l _ _   10. iyomasmg   _ i _ _ _ _ m _

3. uitammn   _ _ n _ _ i _   11. slmsia   _ _ s s _ _

4. atrmom   _ a _ _ _ t   12. isvisem   m _ _ _ _ v _

5. himkwsa   _ a w _ _ _ _   13. iosmhd   m _ _ i _ _

6. emreortmic   _ _ _ _ o m _ _ e _   14. imonoint   _ _ _ _ t _ _ n

7. ooyimcrscp   _ _ _ _ o s _ o _ _   15. drmbunoi   _ o _ i _ _ _ _

8. ealitmti   _ i l _ _ _ _ _   16. ermeuelt   _ _ l _ _ _ e _

Write sentences using words from above:

_____
_____
_____

Use at least 13 of your spelling words in a short creative story. Underline all spelling words used in the story.

Spelling Test

Your Answers		**Correct Spelling If Incorrect**
1		1
2		2
3		3
4		4
5		5
6		6
7		7
8		8
9		9
10		10
11		11
12		12
13		13
14		14
15		15
16		16
17		17
18		18
19		19
20		20

Use at least 11 of your spelling words in a short creative story. Underline all spelling words used in the story.

Spelling Test

	Your Answers		**Correct Spelling If Incorrect**
1		1	
2		2	
3		3	
4		4	
5		5	
6		6	
7		7	
8		8	
9		9	
10		10	
11		11	
12		12	
13		13	
14		14	
15		15	
16		16	
17		17	
18		18	
19		19	
20		20	

Use at least 9 of your spelling words in a short creative story. Underline all spelling words used in the story.

Extra Credit Spelling Words Scramble

Name: _____

Date: _____

Let's put your puzzle solving skills to the test. Try unscrambling the words using the words in the box.

ostentation	nihilist	orthogonal	necrosis	oratorio	palliate
nostrum	neurology	outrigger	necropolis	necrology	pariah
obviate	niggardly	occlude	obstetrics		

1. rolneygoc   _ _ _ _ _ o g _   9. toivbae   o b _ _ _ _ _

2. pelicroson   _ e _ r _ _ _ _ _ s   10. uoecdcl   _ _ _ _ _ d e

3. ssirncoe   _ _ _ _ o _ _ s   11. aorrioot   o _ _ t _ _ _ _

4. ourneoygl   _ e _ o _ _ _ _   12. gaooolhntr _ _ _ h _ g _ _ _ l

5. aygrdnlig   _ _ _ _ a _ _ _ y   13. tieattonson o s t _ _ _ _ _ _ _ _

6. nitihsil   _ _ _ _ _ i s _   14. ougitergr   _ _ _ _ _ g g _ _

7. mortusn   _ o s _ _ _ _   15. ielaptal   _ _ l _ _ _ _ e

8. orstcitbse   _ b _ t _ _ r _ _ _   16. irahap   p _ _ i _ _

Write sentences using words from above:

_____
_____
_____

Use at least 15 of your spelling words in a short creative story. Underline all spelling words used in the story.

Use at least 11 of your spelling words in a short creative story. Underline all spelling words used in the story.

Extra Credit Spelling Words Scramble

Name: _____

Date: _____

Let's put your puzzle solving skills to the test. Try unscrambling the words using the words in the box.

penury	peevish	ramify	refection	peerage	retrench
perforce	quizzical	reprobate	pogrom	reliquary	rivulet
rococo	runnel	patrimony	pauperism		

1. oriytnapm _ _ _ _ _ m _ n _   9. yfirma   r a _ _ _ _

2. uraespmip _ a _ _ _ _ _ s _   10. rnfoectie   r _ _ _ _ _ _ o _

3. grepeea   _ _ e _ _ _ e   11. auqrreily   _ _ l i _ _ _ _ _

4. hepvise   _ e e _ _ _ _   12. petboarer   _ _ _ _ _ _ a _ e

5. rueypn   _ e _ u _ _   13. crentehr   _ _ _ _ e _ c _

6. reefpcro   _ _ r _ _ c _   14. viueltr   _ _ v _ _ e _

7. ropogm   _ _ g _ o _   15. cooocr   r _ _ o _ _

8. uzqciizla q _ _ _ z _ _ _ _   16. nrluen   _ _ n _ _ l

Write sentences using words from above:

_____

_____

_____

Use at least 9 of your spelling words in a short creative story. Underline all spelling words used in the story.

Extra Credit Spelling Words Scramble

Name: _____

Date: _____

Let's put your puzzle solving skills to the test. Try unscrambling the words using the words in the box.

secede	withe	salacious	unwonted	sonorous	threnody
wittingly	vociferate	sidereal	solder	sinuosity	ukase
venereal	sirocco	satirize	sapience		

1. sislocaua   _ _ l _ _ i _ _ _   9. souorons   s _ _ _ _ _ _ s

2. anicpsee   _ _ p _ _ n _ _   10. dhtnreyo   _ _ r e _ _ _ _

3. sariietz   s _ _ _ _ _ _ e   11. sukae   u _ _ _ _

4. deeces   _ e _ e _ _   12. wonnudte   _ n _ _ _ _ e _

5. ldrisaee   s i _ _ _ _ _ _   13. aevrneel   v _ _ _ _ _ _ l

6. yuoinsist   _ _ _ _ o _ _ _ y   14. erfcatveio   v _ _ i _ _ r _ _ _

7. ocorcsi   _ i _ _ _ _ o   15. iwthe   _ _ t _ _

8. rlsoed   _ _ l _ e _   16. ngylwttii   _ i _ _ _ n _ _ _

Write sentences using words from above:

_____

_____

_____

Use at least 14 of your spelling words in a short creative story. Underline all spelling words used in the story.

Spelling Test

Your Answers		**Correct Spelling If Incorrect**
1		1
2		2
3		3
4		4
5		5
6		6
7		7
8		8
9		9
10		10
11		11
12		12
13		13
14		14
15		15
16		16
17		17
18		18
19		19
20		20

Semester Planner

Week	Monday	Tuesday	Wednesday	Thursday	Friday
1					
2					
3					
4					
5					
6					
7					
8					
9					
10					
11					
12					
13					
14					
15					
16					
17					
18					

Notes

Class: _____

		Week:					Week:					Week:					Week:				
Day		M	T	W	Th	F	M	T	W	Th	F	M	T	W	Th	F	M	T	W	Th	F
Date																					
Assignments																					
Name																					
	1																				
	2																				
	3																				
	4																				
	5																				
	6																				
	7																				
	8																				
	9																				
	10																				
	11																				
	12																				
	13																				
	14																				
	15																				
	16																				
	17																				
	18																				
	19																				
	20																				
	21																				
	22																				
	23																				
	24																				
	25																				
	26																				
	27																				
	28																				
	29																				
	30																				
	31																				
	32																				

Semester Planner

Week	Monday	Tuesday	Wednesday	Thursday	Friday
1					
2					
3					
4					
5					
6					
7					
8					
9					
10					
11					
12					
13					
14					
15					
16					
17					
18					

Notes

Class: _____

		Week:					Week:					Week:					Week:				
Day		M	T	W	Th	F	M	T	W	Th	F	M	T	W	Th	F	M	T	W	Th	F
Date																					
Assignments																					
Name																					
	1																				
	2																				
	3																				
	4																				
	5																				
	6																				
	7																				
	8																				
	9																				
	10																				
	11																				
	12																				
	13																				
	14																				
	15																				
	16																				
	17																				
	18																				
	19																				
	20																				
	21																				
	22																				
	23																				
	24																				
	25																				
	26																				
	27																				
	28																				
	29																				
	30																				
	31																				
	32																				

Made in United States
North Haven, CT
22 July 2023

39401565R00061